LES
AMANTS DE CASTILLE,

OU

La Fiancée Fantastique,

BALLET-FÉERIE EN TROIS ACTES ET NEUF TABLEAUX,

DE

M. BARTHOLOMIN,

MUSIQUE NOUVELLE

DE M. ROZET,

Second chef d'orchestre au Grand-Théâtre de Lyon,

Représenté pour la première fois à Madrid, en février 1843, et à Lyon, en Mars 1846.

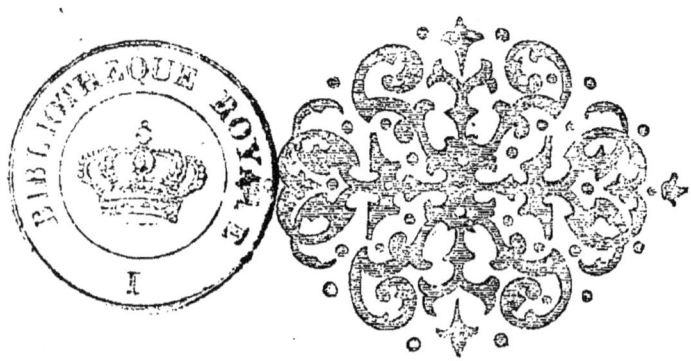

LYON.
PROSPER NOURTIER, LIBRAIRE,
Rue de la Préfecture, 6.

1846

DÉCORS DE M. SAVETTE. — MACHINES DE M. PAGE.
COSTUMES DE M. BLOD,
D'APRÈS LES DESSINS DE M. BARTHOLOMIN.

MUSIQUE NATIONALE :
1ᵉʳ Acte.

Las-Corraleras-de-Murcia. . . . Don Pasquale-Lopez.
La Gallegada. . . . . Don José Martinez.

3ᵐᵉ Acte.

Gran-Baïle-Nacional. . . . . . Mercadente.

Distribution.

ACTE PREMIER.

Un Majo, Mlle Petitet. — Un Contrabandista, Mlle Bazire.
Une Manola, Mlle Génat. — Une Gitana, Mlle Rosset.

Catalans : MM. Frandon, Beaugrand, Simon, Franville.
Gallégos : Dastrovigue, Moucheau, Fayard, Lota.
Castillans : Moulin, Authmann, Armand, Florimond.
Murciens : Delis, Botton, Morel, Fauchon.
Catalannes : Mmes Louise, Decroz, Laure, Maury.
Galiciennes : Thérèse, Gladi, Augustine, Zoé.
Castillannes : Mélanie, Agarithe, Tonine, Virginie.
Murciennes : Clair, Aline, Groupillon, Laurentine.

ACTE DEUXIÈME.

Napées, ou Fleurs merveilleuses.

Mmes Agarithe, Fanny, Maria, Mélanie, Louise, Genny, Thérèse, Decroz, Tonine, Virginie, Adèle, Laurentine, Augustine, Gladi, Laure, Sophie, Zoé, Miette, Clair, Aline, Groupillon, Battue, Eliza, Clamaron, Morel, Louisa, Clotilde, Moulin, Dumont, Desrosiers.
Mlles Mariquita, Stéffann, Joséphine, Bion, Elize, Alexandrine, Adrienne. Francisque, Blum, Couty, Julie, Martinon.

ACTE TROISIÈME.

Andalous : Mlles Mélanie, Tonine, Adèle, Virginie.
Andalouses : Agarithe, Fanny, Genny, Thérèse.
Valenciens : MM. Frandon, Beaugrand, Simon, Franville.
Valenciennes : Mlles Louise, Laure, Decroz, Miette.
Basques : MM. Moulin, Authmann, Armand, Florimond.
Biscayennes : Mlles Gladi, Zoé, Augustine, Sophie.

DIVERTISSEMENTS.

ACTE PREMIER.

2ᵐᵉ TABLEAU.

FLEURS MERVEILLEUSES,

Mˡˡᵉ BEAUCOURT.
Toutes les dames du corps de ballet,

3ᵐᵉ TABLEAU.

LAS COZZALERAS DE MURCIA.

M. Clair, Mˡˡᵉ Appiani.

LA GITANA.

M. Durand, Mˡˡᵉ Mélina.

EL BOLERO-DE-TOLÉDO.

Mˡˡᵉˢ Petitet, Bazire, Génat, Rosset.

CATALANA-Y-GALLÉGADA.

MM. Durand, Clair.
Mᵐᵉˢ Mélina, Apiani, Bazire, Petitet, Génat, Roset;
Messieurs et mesdames du corps de ballet.

CASTILLANA.

Mˡˡᵉˢ Petitet, Bazire, Rosset, Génat.
Tous les élèves de l'école de danse, et tout le corps de ballet.

ACTE DEUXIÈME.

5ᵐᵉ TABLEAU.

LA FONTAINE DE FLORE.

Mᵐᵉˢ Appiani, Petitet, Bazire ;
Les dames et les élèves de la danse.

LE BERCEAU DE ROSES.

M. Durand, Mˡˡᵉ Beaucourt ;
Toutes les dames du corps de ballet.

ACTE TROISIÈME.

8ᵐᵉ TABLEAU.

GRAN-BAÏLE-NACIONAL.

FANDANGO.

Mˡˡᵉˢ Mélanie, Tonine, Adèle, Virginie.
Agarithe, Fanny, Genny, Thérèse.

MANCHEGAS.

MM. Moulin, Authmann, Armand, Florimond.
Mˡˡᵉˢ Gladi, Augustine, Zoé, Sophie.

TIRANA.

Mˡˡᵉ Beaucourt.

CACHUCHA.

MM. Frandon, Beaugrand, Simon, Franville.
Mˡˡᵉˢ Louise, Decros, Laure, Miette.

BOLÉRO.

MM. Moucheau, Delis, Dastravigne, Botton.
Mˡˡᵉˢ Morel, Laurentine, Eliza, Moulin.

JALÉO.

M. Durand, Mˡˡᵉ Beaucourt.

VALENCIENNE.

Les premiers sujets ; les élèves ; le corps de ballet.

DISTRIBUTION DE LA PIÈCE.

PERSONNAGES.	ARTISTES.
MARGUERITE, surnommée la Perle d'Olméda, fille de Moréno	Mlle Mélina.
DON ALVERA, galant cavalier, amoureux de Marguerite	M. Mathieu.
DON IGNACIO, vieil alcade, épris aussi de Marguerite	M. Tonny.
CARLOS, jeune muletier, amant aimé de Marguerite	M. Durand.
POLO, jardinier, amoureux niais de Marguerite	M. Clair-Bénier.
MORÉNO, riche hôtelier d'Olméda	M. Grossi.
THÉRÉSINA, grand-mère de Carlos	Mlle Flore.
JUANITA, servante de Moréno	Mme Appiani.
DON MARCOVAL, père de don Alvéra	M. Paul.
ALCARAZ, } valets de Moréno	M. Dastrovigne.
ESTEVAN, }	M. L. Moucheau.
LA ROSE, } Nymphes des Bocages	Mlle Petitet.
LE BLUET, } ou	Mme Appiani.
L'AMARYLLIS, } Fleurs merveilleuses.	Mlle Bazire.
LA MARGUERITE, }	Mlle Beaucourt.

Prélats, Moines, Chapelains, Dames, Seigneurs, Cavaliers, Alguazils, Etudiants, Musiciens, Bourgeois, Mojos, Contrabandistas, Marchands, Bateliers, Gitanos, Muletiers, Tartanéros, Mandiants, Paysannes.

Ballet. — Elèves. — Chœurs. — Comparses.

La Scène est en Castille.

LES
AMANTS DE CASTILLE,
ou
LA FIANCÉE FANTASTIQUE.

ACTE PREMIER.
PREMIER TABLEAU.
Décoration.

Une épaisse forêt ; d'un côté, la maison de Thérésina ; de l'autre, un banc rustique.

SCÈNE PREMIÈRE.

La vieille Thérésina, assise sur un banc de verdure, est occupée à filer. Carlos, debout près d'elle, la prie de rentrer à sa maisonnette ; il y a longtemps qu'elle travaille ; elle doit être fatiguée. — La bonne vieille sourit. Carlos est impatient de revoir sa fiancée et c'est pour cela qu'il désire si vivement que sa grand'mère se retire. *Ah! dam! c'est bien naturel ; Marguerite est si jolie! et Carlos a tant d'amour!* Pendant ce temps, Polo, le jardinier de Thérésina, est triste, abattu ; il aime aussi Margharita, lui, mais Margharita ne l'aime pas. Il s'approche doucement de sa vieille maîtresse et l'engage à rester encore ; le temps est superbe et l'air pur de ce bois doit lui faire beaucoup de bien. — Carlos menace Polo ; et Thérésina rit à part de ce qui se passe entre son petit-fils et le jardinier. Lorsqu'un refrain joyeux annonce l'arrivée des amis de Carlos.

SCÈNE II.

Les jeunes muletiers ne tardent pas à paraître; ils se rendent à Olméda, et engagent Carlos à faire route avec eux. — Celui-ci ne peut partir de suite; il doit rester encore près de sa vieille mère; mais il les rejoindra à l'hôtellerie de Moréno. — Polo supplie Thérésina de ne pas permettre à Carlos de se marier. Mais le pauvre garçon est arrêté au milieu de son discours: Chacun rit de sa tournure grotesque, de son amour pour la jolie Margharita, et, après avoir salué amicalement la bonne vieille et recommandé à Carlos de ne pas se faire trop attendre, les muletiers se retirent gaiement.

SCÈNE III.

Cependant, Thérésina a réfléchi : il ne serait pas bien d'abuser de la bonté, de l'amour filial de son petit Carlos. Elle peut en ce moment se passer de ses soins; elle l'engage à aller à Olméda; l'embrasse, lui donne sa bénédiction, et rentre à sa maisonnette, appuyée sur le bras de Polo.

SCÈNE IV.

Carlos peut enfin se rendre auprès de celle qu'il aime! Mais avant de partir il veut cueillir un bouquet de marguerites; de ces belles fleurs qui portent le nom de sa fiancée! à peine en a-t-il touché une touffe, qu'une musique céleste se fait entendre! Un parfum délicieux embaume aussitôt la forêt, et Carlos, les sens appesantis, tombe sur un tertre de gazon.

DEUXIÈME TABLEAU.

Les arbres s'entrouvrent lentement et laissent voir, à travers de légères vapeurs, une riante vallée couverte de nymphes ou fleurs merveilleuses.

L'amaryllis, le myrte, la violette, l'iris, le bleuet, l'anémone, l'églantine, l'œillet, la pivoine, l'alise se meuvent et s'inclinent devant une blanche marguerite qui les engage à la suivre dans le bois voisin. Elles franchissent facilement les haies, les buissons et sont bientôt auprès de la chaumière. Leur étonnement à la vue du jeune muletier. Elles s'en approchent d'abord avec crainte; puis s'enhardissent et ne tardent pas à folâtrer autour de lui. — Cependant la nymphe Marguerite est pensive; l'enjouement de ses sœurs semble lui faire mal. Elle contemple avec amour l'hôte de la forêt et exprime le bonheur qu'elle éprouve près de lui. Mais toutes les nymphes l'entourent de nouveau et la forcent à partager leur allégresse. Elles s'agitent gracieusement, s'enlacent, se détachent, s'élèvent et se balancent moëlleusement au-dessus de Carlos, pendant que la Marguerite dépose un bouquet sur son sein, et que Polo paraît à la fenêtre de la maisonnette. Il vient arroser les arbustes qui ornent le petit balcon de Thérésina; il respire avec satisfaction le parfum exhalé, selon lui, par les plantes qu'il cultive; puis il se sauve épouvanté en apercevant les merveilles de la forêt. Une impression douloureuse s'est emparée de chaque fleur. — La Marguerite qui a vu le jardinier désire s'éloigner à l'instant, et, après avoir donné encore un regard d'amour à Carlos, toutes les nymphes rentrent dans le bosquet enchanté.

SCÈNE V.

Le bois a bientôt repris son premier aspect. Carlos sort de l'assoupissement où il était plongé. Tout ce qui s'est passé lui semble un songe. Cependant, les fleurs qui reposent sur son cœur sont bien réelles; ce bouquet qu'il presse contre son sein, qu'il embrasse avec feu est bien celui qu'il a reçu pendant ces instants de délices; ce n'est donc point une illusion, une erreur! Mais depuis longtemps il devrait être près de sa jolie fiancée; il regrette de s'être ainsi laissé distraire, et s'éloigne précipitamment.—Polo reparaît. Le pauvre garçon brûle du désir de voir ces belles enchanteresses; mais la peur le retient, il ferme d'abord les yeux et ose à peine dépasser le seuil de la porte; puis, la curiosité l'emportant sur la crainte, il se décide enfin à regarder et reste tout ébahi en ne trouvant rien d'extraordinaire à la forêt. Eh! pourtant, du balcon de Thérésina il a bien vu Carlos au milieu d'une troupe de magiciennes qui le couvraient de fleurs et de baisers, et le perfide est maintenant vers Margharita qu'il va tromper pour ces vilaines sorcières. Ah! s'il pouvait la prévenir et l'empêcher d'épouser ce mauvais garnement. La vieille fermière dort; elle ne s'apercevra pas de son absence; d'ailleurs il peut être bientôt de retour; il ferme avec soin la maison, et court en toute hâte à l'hôtellerie de Moréno.

TROISIÈME TABLEAU.

Décoration.

Une place du village d'Olméda. Sur le devant, à gauche, la façade de l'hôtellerie de Moréno; vis-à-vis, une grande tonnelle; plus haut, une citerne, un mur d'appui, et dans le fond un riant paysage.

SCÈNE VI.

Majos, muletier, Gitanos, contrabandistas, arrivent de différents points. Ils s'attablent sous une grande tonnelle, appellent Margharita et frappent à coups redoublés pour se faire servir promptement. — La jolie fille sort de l'hôtellerie et court pour appaiser l'impatience de ces bruyants consommateurs; mais elle est aussitôt arrêtée par un autre vacarme qui a lieu dans *l'intérieur de la posada.* Elle retourne sur ses pas, prie les nouveaux tapageurs d'attendre quelques moments, revient avec empressement à la tonnelle, sert gracieusement chaque hôte et semble se multiplier; mais elle ne peut suffire à toutes les demandes, répondre à toutes les questions, et, se bouchant les oreilles afin de ne pas trop entendre de propos galants, se dit *qu'avec de pareils enragés, une pauvre jeune fille comme elle n'aurait seulement pas le temps de penser à ses amours.* Puis elle s'approche du mur d'appui et regarde si Carlos n'arrive pas. Cependant, Juanita, la grosse servante, fait tout ce qu'elle peut pour remplacer sa jeune maîtresse; mais on la repousse, on rejette ses services; chacun veut la belle Marguerite, la charmante fiancée de l'heureux Carlos; chacun quitte la table, et tous viennent courtiser de plus près cette jolie perle d'Olméda qui se défend en souriant et s'échappe des bras de l'un pour retomber dans ceux de l'autre; lorsqu'Alvéra et ses amis sortent de l'hôtellerie.

SCÈNE VII.

Les joyeux companneros n'osent continuer leurs poursuites amoureuses devant les jeunes cavaliers. Ceux-ci sont fort bien reçus par la rusée Marguerite qui feint d'écouter avec plaisir les déclarations assez vives de don Alvéra, rit à part de l'amour-propre des beaux seigneurs, de l'air embarrassé de leurs rustiques rivaux; se soustrait malicieusement aux étreintes du jeune comte, qui veut lui dérober un baiser, et court au-devant de son père qui arrive juste en ce moment.

SCÈNE VIII.

Le brave Moréno embrasse sa fille avec amour!... la regarde avec orgueil!... et dit, après avoir donné un bonjour amical à sa société ordinaire, et un salut un peu plus respectueux à la noblesse : Ah!... dam, c'est jeune, çà!... c'est gentil!... et c'est sage!... — aussi, celui qui chercherait à lui compter fleurette éprouverait la force de mon bras et la qualité de mon bâton de voyage! — Puis il embrasse encore son enfant chérie! — Les habitués de l'hôtellerie félicitent Moréno sur le prochain mariage de sa fille, et s'éloignent en riant des jeunes cavaliers, qui sont, à leur tour, décontenancés, et qui se retirent aussi, mais peu satisfaits de leur hôte. — Juanita engage son maître à venir se reposer; mais il est si bien près de sa gentille Marguerite, qu'il ne veut pas encore la quitter. Il s'assied devant sa porte, fait ôter ses guêtres, donne son chapeau, son bâton à ses valets, prend Marguerite sur ses genoux et cause avec elle d'une manière enfantine. La petite embrasse son bon père; elle est si contente de le revoir! elle avait peur qu'il n'arrivât pas aujourd'hui! — Parbleu, je le crois bien, dit Moréno, c'est demain le grand jour, c'est demain que Carlos doit devenir ton époux, et tu craignais d'être obligée d'attendre? — Margharita assure qu'elle ne pensait absolument qu'à son père; celui-ci paraît surpris du peu d'empressement de l'amoureux; — c'est la première fois qu'il est si tardif, dit la petite. — Cela ne sera rien; va, quelques préparatifs l'auront sans doute retenu, reprend l'hôtelier... Mais justement le voici...

SCÈNE IX.

Carlos descend précipitamment la colline, et vient à Moréno, qui le reçoit franchement et lui montre sa fiancée qui l'attend. L'heureux muletier presse la main de sa chère Marguerite, et la prie d'accepter son bouquet. Les fleurs sont si belles, si extraordinaires, que le père et la fille semblent émerveillés ; — dam ! la veille de l'hymen, il n'y a rien de trop beau ! Mais il ne faut pas perdre de temps ; et Carlos et Moréno se rendent chez l'alcade pour régler les dernières conditions du contrat. — Pendant ce temps, la grosse Juanita est venue à plusieurs reprises puiser de l'eau à la citerne qui est au pied du mur d'appui ; chaque fois elle a marqué son mécontentement de ne pas voir arriver son Polo, et elle s'apprête à aller au-devant de lui, lorsque Marguerite lui ordonne de rentrer.

SCÈNE X.

Le jeune comte a quitté ses amis ; il est revenu sur ses pas, s'est tenu à l'écart dans l'espoir de trouver une occasion favorable, et, au moment où Marguerite se dirige vers l'hôtellerie, il la retient et lui déclare son amour. Il n'a pu résister au pouvoir de ses charmes, et désormais il ne peut vivre sans elle ! La petite coquette semble d'abord encourager ces discours ; puis elle arrête soudain l'élan de son brillant adorateur, en riant de ses feux, et se sauve avec vitesse du côté de la campagne. Don Alvéra ne peut retenir un mouvement de dépit. Les manœuvres de Marguerite excitent encore plus ses désirs ; il se promet de tout employer pour la séduire, et il se met aussitôt à sa poursuite.

SCÈNE XI.

Polo descend la colline très vivement ; il est essoufflé, respire à peine et se heurte avec le jeune comte. Ce contre-temps, qui permet à Marguerite de disparaître entièrement, redouble la mauvaise humeur de don Alvéra. Il envoie au diable l'importun, et vole sur les traces de la belle fugitive. Polo, déconcerté, continue son chemin vers l'hôtellerie. Dans son empressement, il se jette contre la grosse Juanita et renverse de tous côtés les provisions dont elle était chargée. Le courroux du pauvre garçon éclate contre la joyeuse fille, qui rit niaisement en le regardant ; puis lui parle de son amour. Elle veut qu'il l'aime, qu'il l'épouse et qu'il lui donne, tout de suite, un gros baiser.—Pour être plus tôt libre, Polo promet tout : d'abord il l'embrasse, puis il faut réparer le dégât causé par la malheureuse rencontre. On ramasse à droite et à gauche ce qui est à terre, mais en se dépêchant, rien n'est remis en ordre ; la manne ne peut tout contenir, et, pour éviter le mécontentement de l'hôtelier, Polo est obligé de suivre Juanita, chargé comme elle de fruits et de légumes.

SCÈNE XII.

Carlos et Moréno reviennent accompagnés de don Ignacio, qu'ils supplient de leur faire l'honneur de s'arrêter un moment à l'hôtellerie ; mais le seigneur alcade ne peut disposer de ses précieux instants ; et, pendant que l'aubergiste et son futur gendre vont à leur demeure, don Ignacio, qui vient d'apercevoir Marguerite, se cache avec soin.

SCÈNE XIII.

La petite ne tarde pas à reparaître. Sa gaîté est inaltérable, et tout en fuyant le jeune comte, elle ne peut s'empêcher de reconnaître son élégance, sa galanterie. Mais elle est fiancée à Carlos le muletier, à Carlos qu'elle aime!.. et don Alvéra est un noble seigneur auquel elle ne doit pas penser. — Tout-à-coup elle se sent prendre la taille; elle se dégage avec adresse, et ne peut retenir un éclat de rire en voyant le vieil Ignacio tomber à ses genoux. Depuis long-temps le seigneur alcade l'adore;... elle ne peut l'ignorer, quoiqu'elle ne voulût jamais entendre ses aveux; mais il ne peut tarder plus longtemps à s'expliquer. Il faut qu'elle consente à l'écouter en secret, sans quoi, son mariage n'aura pas lieu; car le contrat n'est pas en règle, et d'un mot Ignacio peut rompre cet hymen. Marguerite, qui s'attendait à tout cela, feint d'abord de se désoler; puis elle devient plus aimable, se laisse baiser la main, et promet de se soumettre lorsque le contrat sera signé. — Fier de ce qu'il prend pour un succès, l'alcade devient de plus en plus pressant, et la jeune fille ne sait plus quels moyens employer pour tromper ce ridicule vieillard, lorsque l'approche de Carlos vient la tirer d'embarras.

SCÈNE XIV.

Le jeune muletier sort de l'hôtellerie pour courir au-devant de sa bien-aimée, dont l'absence l'inquiète. Sa joie, en la trouvant si près de lui !... Mais pourquoi a-t-elle tant tardé ? ce sont ses compagnes qui l'ont retenue; elles lui ont parlé de son cher Carlos, de son bon père dont elles veulent fêter le retour sitôt le travail terminé. — Et, tout en parlant ainsi, elle regarde avec inquiétude autour d'elle, car elle craint à la fois l'importunité de l'alcade et les poursuites du jeune comte.. Elle fait un mouvement pour rentrer de suite ; mais Carlos la retient... Il est si heureux d'être seul avec elle, de pouvoir la presser sur son cœur; puis il sollicite un baiser; baiser qu'elle refuse, car on pourrait les surprendre.—Au moins, cette nuit, lorsque la guitare de Carlos lui donnera le signal, elle viendra, comme de coutume, à sa fenêtre. Ils devraient être plus prudents; Mais Carlos prie avec tant d'instances que la jeune fiancée consent à venir au rendez-vous ! —Pendant ce temps, le vieil alcade s'est rapproché de l'hôtellerie, et, blotti derrière un groupe d'arbres, il a tout entendu. De son côté, don Alvéra est encore revenu pour épier Marguerite; il a surpris aussi le secret du rendez-vous, et tous deux s'éloignent séparément et sans bruit, satisfaits de la découverte qu'ils viennent de faire.

SCÈNE XV.

Mais l'arrivée des villageois rappelle aux fiancés qu'ils doivent se séparer. Marguerite court à l'hôtellerie et Carlos va au-devant de ses compagnons et des jeunes filles qui, fidèles à leur promesse, viennent fêter le retour de Moréno. — Le brave hôtelier se rend bientôt à leurs vœux; il répond cordialement à leurs avances amicales, et tient tête aux vieillards en vidant quelques bouteilles pendant que les garçons et les fillettes se livrent au plaisir de la danse.

DIVERTISSEMENT.

L'*Angelus* du soir se fait entendre... les jeux sont suspendus... chacun prie dévotement. — La nymphe Marguerite sort d'un berceau fleuri; elle parcourt les groupes agenouillés, s'arrête non loin des deux fiancés, fait un geste de dépit en voyant son bouquet au sein de Margharita, et disparaît au dernier son du chant divin, lorsque les plaisirs et la bruyante gaîté reprennent avec une nouvelle ardeur.

La petite fête est terminée; Moréno remercie les villageois, et les invite aux noces de Carlos et de Marguerite, qui auront lieu le lendemain, à San-Jéronimo. Un vivat général accueille cette invitation, puis chacun se retire tranquillement : l'hôtelier, sa fille et Juanita rentrent à leur demeure, et Carlos s'éloigne satisfait en songeant au bonheur qui l'attend.

SCÈNE XVI.

Obsédé par Juanita, et menacé par Carlos, Polo n'a pu encore prévenir Margharita, aussi il guette avec attention le départ de son rival, et court vivement à la posada; mais il ne peut y arriver; la fleur merveilleuse l'en empêche; elle se joue de lui, l'agace, l'irrite, l'attire et se perd dans un buisson où il veut la saisir, et dont il s'éloigne aussitôt en faisant mille contorsions; car il est piqué, déchiré par mille épines, et, en se démenant il tombe dans la citerne que Juanita a laissé ouverte.

SCÈNE XVII.

Impatient de revoir sa bien-aimée, Carlos a devancé l'heure du rendez-vous; il s'approche de la fenêtre de sa fiancée; mais inutilement : sa guitare ne résonne pas, elle s'échappe de ses mains et il ne peut la reprendre. Il est de nouveau sous le charme de la Marguerite qui dirige ses pas chancelants vers un groupe de plantes odorantes, se place près de lui sans être aperçue, et profite du sommeil qui ferme sa paupière pour le transporter dans un bocage enchanté.

SCÈNE XVIII.

Après des efforts inouis, Polo parvient à sortir de la citerne; il est entortillé d'herbes marécageuses et de reptiles qui le piquent, le mordent et lui font faire d'horribles grimaces. Il écrase avec dégoût ce qu'il peut arracher de cette impure enveloppe, et va entrer à l'hôtellerie, lorsque Juanita en sort pour aller encore à la citerne. En voyant les deux vases à eau qu'elle porte, Polo devient furieux; c'est bien elle qui a causé sa dernière mésaventure; aussi, il jette tout ce qui reste après lui à la tête de la pauvre fille qui se sauve désolée; et, dans un nouvel accès de colère, il poursuit Carlos et la Marguerite qu'il aperçoit dans la campagne.

SCÈNE XIX.

Mais la nuit est enfin arrivée. Don Ignacio, ridiculement habillé, s'avance mystérieusement; il envoie ses domestiques au haut du chemin, leur recommande d'y attendre Carlos et de l'empêcher de venir jusqu'ici. Puis, il se dipose à donner le signal. Le jeune comte, vêtu comme Carlos, arrive à son tour. Il donne ordre à ses valets de se jeter sur le prétendu muletier, de le rondiner et de l'éloigner de ce lieu, ce qui s'exécute aussitôt. Seul, don Alvéra s'empresse de faire résonner la guitare. Bientôt la jeune fille paraît. La nuit, le costume du comte, la romance de Carlos, tout concourt à la tromper : Elle est heureuse quoiqu'inquiette, et envoie un baiser à Alvéra; celui-ci la prie de venir un moment près de lui. — Elle n'ose; mais il est si pressant, si tendre, qu'elle ne peut résister longtemps; elle descend de son balcon, court dans les bras de celui qu'elle croit son amant, et s'en éloigne avec effroi en reconnaissant son erreur! — Le jeune comte ne perd pas un temps précieux à chercher à s'excuser: il la fait saisir par ses valets qui l'emportent en éteignant ses cris!

SCÈNE XX.

Le bruit des castagnettes, des guitares et des tambourins se fait entendre, et peu à peu la plaine et l'avenue se couvrent de gaies fillettes et de joyeux garçons qui viennent jusque sous les fenêtres de l'hôtellerie donner une aubade, aux flambeaux, à la belle fiancée de Carlos, pendant que la pauvre fille et son ravisseur franchissent la colline au galop d'un cheval, et que le jeune muletier et la blanche Marguerite gravissent les montagnes lointaines.

ACTE II.

QUATRIÈME TABLEAU.

Décoration.

Une salle du château de don Alvéra.

SCÈNE PREMIÈRE.

Marguerite s'élance hors de l'appartement du comte, et parcourt la galerie dans l'espoir de trouver une issue pour s'échapper, mais elle ne peut y réussir; don Alvéra la retient et cherche à l'apaiser. Les battements de son sein, la rougeur de ses traits, la rendent plus séduisante encore! il tombe à ses genoux, et lui jure un amour éternel! — La jeune fille indignée, lui reproche son infâme conduite, et déclare qu'elle se donnerat plutôt la mort que de céder à ses désirs. — Le comte rit de cette menace, et entoure de ses bras audacieux la jolie fiancée qui le repousse avec horreur! saisit le poignard qu'elle porte à sa jarretière, et maintient le suborneur à distance; mais ces efforts, cette lutte ont épuisé toute son énergie; elle se sent défaillir, et bientôt il lui reste à peine la force de demander grâce à Alvéra qui a poursuivi ses desseins et la tient embrassée, lorsqu'un bruit tumultueux qui se fait entendre arrête soudain ses transports !

SCÈNE II.

Le brave Moréno a appris l'enlèvement de sa fille, il a surmonté tous les obstacles, renversé tout ce qui s'opposait à la réussite de ses recherches, et pénétré dans le château où est enfermée sa Margharita qu'il trouve évanouie et qui reprend bientôt ses sens dans les bras de son excellent père.—Don Alvéra veut faire chasser cet importun, mais l'arrivée de don Ignacio et de ses hommes de justice vient changer singulièrement sa position. — Le jeune comte décline ses titres et veut imposer silence à l'alcade; mais celui-ci n'écoute rien, il verbalise sur le crime de rapt, et dit à part à Alvéra : ah! ah! beau séducteur, je vous apprendrai à enlever des jeunes filles, et à vous jouer d'un magistrat tel que moi; à l'insulter, le frapper même ! — Pendant ce temps, Marguerite raconte à Moréno, comment elle a été victime des ruses de ce jeune cavalier qu'elle a pris pour son fiancé. — Don Alvéra rit aux éclats en apprenant la mésaventure de l'alcade qui devient encore plus furieux, et ordonne à ses alguazils de conduire le ravisseur en prison. — Marguerite, heureuse d'être ainsi délivrée, ne conserve point de ressentiment; elle cherche à calmer le courroux de son père, et la colère ridicule de son vieil adorateur; mais le seigneur Ignacio ne veut rien entendre. — Et, tout en riant de l'exaspération du bonhomme, et après avoir salué galamment la belle dont il n'abandonne pas encore la conquête, le jeune comte suit les gardes chargés de l'emmener, pendant que Moréno paraît émerveillé de la fermeté du magistrat, et que la gentille Margharita semble condamner tant de sévérité.

CINQUIÈME TABLEAU.

Décoration.

Sur le devant un berceau mystérieux; plus haut, une pittoresque cascade dont les eaux limpides baignent le pied d'une verte colline et se perdent dans un bassin de mousse; dans le fond, un gracieux paysage richement accidenté de grottes, de temples, de statues.

SCÈNE III.

Le bocage merveilleux est peuplé d'une multitude innombrable de fleurs qui attendent le retour de la Marguerite; toutes semblent inquiètes de sa longue absence; l'Amaryllis seule en paraît satisfaite, car la blanche fleur est la protégée de la rose souveraine, et cette préférence a fait naître sa haine! — Chaque nymphe se livre bientôt au repos; celles-ci s'appuient légèrement sur de frêles arbustes, celles-là s'étendent sur des tertres touffus, d'autres s'abritent sous de vertes charmilles.

SCÈNE IV.

La Marguerite ne tarde pas à paraître; elle conduit Carlos qui est tout émerveillé. Elle le charme, l'enflamme, et lorsqu'il croit la saisir, elle lui échappe, s'élance au milieu d'un groupe de plantes aquatiques et s'éloigne du jeune muletier en glissant à la surface des eaux. Carlos est au désespoir de ne pouvoir retenir sa chère Marguerite; mais la tendre fleur est bientôt près de lui; elle le fait placer sur de légers coquillages; tous deux se promènent ainsi quelques instants sur l'onde et touchent enfin le sol du bosquet magique. — Les fleurs s'agitent et entourent aussitôt les deux amants. Mais Carlos ne peut rester en ce lieu? — L'Amaryllis l'a reconnu, et pour se venger de la Marguerite, elle ne permettra pas, en l'absence de la souveraine, que l'hôte des forêts demeure dans cette retraite enchantée. La douce Marguerite et ses sœurs supplient la fière Amaryllis de n'être pas inexorable; d'attendre au moins les ordres de la reine; Carlos lui-même implore la clémence de l'orgueilleuse nymphe; mais rien ne peut la fléchir. Déjà elle semble jouir de son triomphe, quand tout-à-coup, Carlos est transformé en un jeune habitant de ce séjour.

SCÈNE V.

La Rose souveraine a paru dans l'avenue; elle a été témoin de ce qui s'est passé, et a métamorphosé Carlos, afin qu'il puisse demeurer, sans crainte et sans dangers, dans cet asile mystérieux. — La surprise fait place à la joie la plus vive; les deux amants remercient leur protectrice; l'Amaryllis cache avec soin son dépit, et toutes les nymphes s'empressent de célébrer par des danses légères, l'arrivée de leur souveraine et le bonheur de Carlos et de la Marguerite.

DIVERTISSEMENT.

Les jeux sont terminés. La reine va retourner à son palais; toutes les fleurs forment son cortége. — Carlos doit attendre en ce lieu sa chère Marguerite qui sera bientôt de retour.

SCÈNE VI.

L'Amaryllis n'a point accompagné la souveraine; elle s'assure de l'éloignement de ses sœurs, s'avance vers Carlos avec empressement, lui dit qu'il est tombé dans un piége; qu'il est le jouet d'un charme trompeur; que cette Marguerite qu'il croit aimer est une enchanteresse; qu'il doit la fuir, retourner à ses amours terrestres; et le conduisant au bord du lac, elle le force à se regarder dans ses eaux transparentes. — Carlos ne tarde pas à revenir à la raison; il est honteux de se trouver sous les vêtements légers qui le couvrent, et accepte la protection de l'Amaryllis pour sortir de ce séjour merveilleux. L'impatiente nymphe lui remet aussitôt une branche de syste, à l'aide de laquelle il franchira tous les obstacles et gagnera promptement sa demeure; puis elle l'entraîne jusque sur la colline et l'oblige à s'éloigner aussitôt.

SCÈNE VII.

Pendant ce temps, la Marguerite est revenue ; elle s'étonne de ne pas trouver Carlos sous le berceau ! bientôt elle aperçoit l'Amaryllis, et malgré elle un frisson s'empare de ses sens ; elle pressent les malheurs qui l'attendent. — L'Amaryllis feint de porter le plus vif intérêt à sa sœur, et semble peinée de son abattement ! Qui peut donc causer ses chagrins, lorsque tout lui sourit ? quand la reine l'accable d'amitié et que l'amour s'apprête à faire son bonheur ? — La tendre nymphe ne peut se méprendre aux sentiments de sa méchante sœur; malgré cela, elle lui avoue que l'absence de son amant est ce qui l'inquiète ! la joie brille alors sur les traits de l'Amaryllis ; son triomphe commence. — Ton amant, dit-elle, tu ne le verras plus ! il a fui pour toujours, et c'est moi qui l'ai soustrait à tes séductions ! — La Marguerite ne se laisse point atterer entièrement; elle reproche à son indigne sœur les tourments qu'elle endure, et la menace du courroux de la reine. Mais l'Amaryllis se rit de son impuissante fureur ; elle la haît, et ses souffrances la rendent heureuse ! — Cependant les cris de la Marguerite ont attiré les nymphes; la trahison de l'Amaryllis leur est dévoilée; — toutes partagent l'indignation de l'amante délaissée; toutes jurent de la venger d'une manière terrible ! — La douce Marguerite cherche à apaiser l'irritation générale, et demande grâce pour sa perfide sœur; puis elle se dispose à quitter ce lieu de désolation; et après avoir embrassé chaque fleur, après avoir dit un dernier adieu à tout ce qui peut lui rappeler l'ingrat qui l'abandonne, elle repousse l'odieuse Amaryllis qui veut la retenir, et s'enfuit précipitamment.

SIXIÈME TABLEAU.
SCÈNE VIII.

L'exil de la blanche fleur a ranimé le courroux de ses sœurs contre l'orgueilleuse et jalouse Amaryllis! d'innombrables branchages étincelants, pétillent aussitôt dans les mains de ces nymphes naguère si douces, si timides. En un instant le bocage est incendié! les arbres embrâsés parcourent le sol dans tous les sens. Les eaux du lac sont en feu! la misérable Amaryllis saisie, attachée à un buisson, ne tarde pas à trouver la mort au milieu d'horribles souffrances, augmentées encore par la joie et les danses effrénées de ses sœurs qui activent la destruction en secouant leurs brandons, et en s'agitant comme des furies au milieu de ce désordre épouvantable!

ACTE III.

SEPTIÈME TABLEAU.

Décoration.

Une salle de l'hôtellerie de Moréno. — D'un côté, la chambre de Margharita, de l'autre, une porte d'entrée ; dans le fond, une grande fenêtre garnie de fleurs ; tables, chaises, etc.

SCÈNE PREMIÈRE.

Il y a réunion chez le père Moréno. Don Ignacio, la vieille Thérésina et quelques invités entourent l'hôtelier et ses deux enfants ; le brave homme raconte tout ce qu'il sait de l'enlèvement de Margharita, et fait connaître la haute protection qu'il a reçue du seigneur alcade, lequel se rengorge et redouble de ridicules prétentions près de la jolie perle d'Olméda. Carlos, un peu embarrassé pour motiver sa longue absence, prétend avoir été attaqué par des malfaiteurs qui l'ont laissé pour mort à l'entrée du bois, et cela au moment où il se rendait auprès de sa chère Margharita ! — Chacun plaint le pauvre jeune homme, à l'exception toutefois de don Ignacio, qui est bien persuadé que les soi-disants malfaiteurs ne sont autres que ses valets qui ont ponctuellement exécuté les ordres qu'il leur avait donnés de bâtonner rudement le maudit muletier. — Pendant ce temps, les fleurs de la fenêtre de l'hôtellerie ont grandi, et la Marguerite s'est élevée de leur sein ; elle n'a pu résister au désir de revoir l'infidèle Carlos ; mais le bonheur de sa rivale lui cause une douleur poignante; elle semble chercher un moyen pour s'opposer à son mariage, et, se glissant inaperçue à travers la muraille, elle pénètre dans la chambre de Margharita au moment ou Juanita y apporte les habits de noces dont elle doit parer sa jeune Maîtresse.

SCÈNE II.

Don Ignacio est forcé de quitter l'hôtellerie plus tôt qu'il ne comptait le faire, monseigneur le demande à l'instant ! Mais le contrat est signé, et la famille peut partir pour San-Jéronimo... il ne tardera pas à l'y rejoindre. — Les deux amants, tout à l'espoir de leur prochain bonheur, se séparent sans regrets; le vieil alcade conduit Marguerite jusqu'à la porte de sa chambrette, lui sourit malicieusement et ridiculement pour lui rappeler sa promesse ; puis il s'éloigne avec impatience, accompagné par le messager du château.

SCÈNE III.

Les amis de Carlos et les compagnes de Margharita viennent les prendre pour se rendre avec eux au lieu de la cérémonie.— Moréno leur sait gré de cette attention, et il va presser la toilette de sa fille, lorsque la porte de sa chambre s'ouvre vivement.

SCÈNE IV.

Là, Marguerite paraît; elle est couverte de riches vêtements, semblables à ceux de Margharita; la grâcieuse mantille, les brillantes parures la rendent ravissante ! chacun félicite la jolie fiancée. Carlos touche enfin au bonheur! Cependant, un sentiment qu'il ne peut définir le trouble, l'inquiète; il se sent froid près de cette Margharita qu'il adore, et il marche à l'autel sans aucun empressement. Lorsqu'après avoir embrassé celle qu'il croit son enfant chérie, le bon Moréno donne le signal du départ.

SCÈNE V.

A peine les deux fiancés et le joyeux cortége ont-ils disparu par la petite porte qui donne sur la route du château, que Polo arrive exténué de fatigue; c'est en vain qu'il prie Alcaraz, Esteran de l'écouter, de lui répondre, les deux garçons de Moréno se sauvent effrayés; les traits décomposés du jardinier, et le désordre de ses habits leur faisant craindre de s'exposer à la rage d'un furieux. Le pauvre Polo demeure attéré... Que s'est-il donc passé pendant qu'il courait après cette maudite magicienne? Pourquoi l'hôtellerie est-elle presque inhabitée? En cet instant, un grand bruit se fait entendre dans la chambre de Marguerite. Polo est tout tremblant. Cependant, il reconnaît bientôt la voix de la jeune fiancée, et s'empresse d'aller à son aide: mais il ne peut d'abord lui ouvrir, une force surnaturelle semble retenir la porte, et ce n'est qu'après bien des efforts qu'il parvient à la faire céder.

SCÈNE VI.

Marguerite et sa servante entrent avec

empressement, et restent saisies! l'une en ne retrouvant pas son fiancé, sa famille dans cette salle, l'autre en voyant son bien-aimé Polo tout défiguré. Mais Polo ne fait aucune attention à la grosse fille, il ne voit que Margharita, que la belle Margharita, qu'il chérit et que Carlos trompe indignement. Le perfide a fait serment d'amour à une infâme sorcière qui l'a amené dans une vallée merveilleuse où lui, Polo, n'a pu pénéter; c'est cette sorcière qui l'a ainsi déchiré, mis en pièces; tout ce qu'il dit est l'entière vérité; et puisque Carlos est infidèle, pourquoi Margharita n'épouserait-elle pas celui qui l'aime tant? Juanita est effrayée; ce que vient de raconter Polo l'inquiète fort. Marguerite plaint sincèrement le pauvre garçon, car elle le croit fou, et appelant Alcaraz, Estevan, elle leur recommande de le veiller avec soin; puis elle s'informe de son père, de son fiancé. Les valets semblent stupéfaits, puis ils finissent par lui dire que son père et tous les invités sont en route pour San-Jéronimo; que Carlos est parti avec elle-même; qu'elle a encore les beaux habits qu'elle portait en quittant l'hôtellerie, et qu'ils ne conçoivent pas comment elle s'y trouve maintenant. Marguerite est tentée d'accuser aussi ces garçons de folie; cependant il se passe bien certainement quelque chose d'extraordinaire : mais elle ne sait que penser. Juanita est aussi fort mal à son aise, car elle commence à craindre que son

Polo ne vienne à lui échapper. Pendant ce temps, le pauvre amoureux se réjouit; il ne doute pas que la magicienne n'ait encore fait des siennes ; elle aura pris les traits de la jeune fille pour mieux tromper Carlos, qui sera forcé, par ce mariage infernal, de lui laisser sa chère Margharita. Mais celle-ci ne peut rester plus longtemps dans cette cruelle incertitude, il faut qu'elle connaisse la vérité; qu'elle ait la preuve de la perfidie de Carlos ou de son innocence. Elle va se rendre de suite à San-Jéronimo et, afin de ne pas s'égarer et d'arriver plus promptement, elle prie Polo de l'y conduire; mais Polo lui refuse ce service, il craint trop de s'exposer à la vengeance de la terrible sorcière ; puis il est bien aise de laisser consommer la perte de son rival. Marguerite et Juanita le supplient, mais inutilement; son parti est pris, et il reste insensible aux larmes, aux prières de l'une, aux pinces et aux bourrades de l'autre. Marguerite, indignée, ordonne alors à sa servante de cesser toute instance; et, après avoir menacé l'ingrat Polo de la colère de Moréno et l'avoir atterré d'un regard de mépris, elle s'élance sur les traces de son fiancé. Mais Juanita n'entend pas raison; une fois sa maîtresse partie, elle s'attache de nouveau après le pauvre jardinier, qui ne peut résister longtemps aux arguments de la grosse fille; et, moitié par crainte, moitié par amour, il consent à guider les pas de Margharita jusqu'à San-Jéronimo, et il court après elle, suivi de l'intrépide Juanita.

HUITIÈME TABLEAU.

Décoration.

Le village de San-Jéronimo. Au loin, de riches coteaux, de fertiles vallées; plus près, la grande pelouse où s'élève la statue du saint révéré ; tout autour des boutiques de marchands, des baraques de bateleurs; des tentes, des tables rustiques, etc.

SCÈNE VII.

Tableau animé de la fête de San-Jéronimo. Spectacles forains; jeux de toute espèce; tours d'adresse, promenades, repas champêtres, etc., etc. — Partout, l'homme à la figue; le marchand d'*orchata*, le vendeur d'*agua fresca*; partout aussi, le joyeux étudiant, la gentille Manola, *el pobre hidálgo* déguenillé; — et pendant que la belle fiancée de Carlos passe sur le manteau qu'un galant castillan a étendu à ses pieds, et que le père Moréno s'informe du seigneur alcade, —prêtres, moines, cavaliers, jeunes dames circulent avec peine au milieu de la foule qui se presse, et que toute la surveillance de l'alguazil ne peut protéger contre la hardiesse et la dextérité du *ratéro*. — Don Ignacio ne tarde pas à revenir du château; il annonce aux deux fiancés que Monseigneur daigne assister à la cérémonie de leur mariage; mais qu'il ne peut se rendre ici avant une heure; la joie et le bonheur d'avoir la visite du bon et vénérable seigneur l'emportent sur la contrariété de ce petit retard, et le brave Moréno engage toute la jeunesse à se livrer au plaisir de la danse en attendant le moment tant désiré.

BALLET NATIONAL.

SCÈNE VIII.

Le cortége seigneurial approche ; les jeux cessent, des cris ! des *vivats* ! mille fois répétés accueillent l'arrivée de don Marcoval. — Don Alvéra suit les pas de son père ; la vue de ce dernier inquiète Carlos et Moréno, et glace de terreur Ignacio qui ne croyait pas avoir agi contre le fils de son seigneur ; mais don Marcoval rassure tout le monde ; le jeune comte a reconnu ses torts. Don Alvéra prie la jolie Marguerite d'oublier ce qui s'est passé, promet de ne plus l'importuner désormais, relève Moréno en souriant et tend la main au vieil alcade qui se confond en révérences ridicules. La Marguerite n'a pu comprendre la portée des paroles d'Alvéra, ni les signes d'intelligence d'Ignacio ; mais comme elle craint d'apporter le moindre retard à l'accomplissement de ses désirs, elle répond de manière à satisfaire le jeune seigneur et le vieux magistrat. — Cependant tout a été préparé pour la célébration du mariage. Le chapelain du château est au pied de l'autel champêtre de San-Jéronimo. — Don Marcoval guide les pas de la belle fiancée ; don Ignacio conduit Carlos avec contrainte ; la vieille Thérésina, le brave Moréno suivent leurs enfants chéris ; les assistants sont dans le plus profond recueillement. — Tout-à-coup, le ciel s'obscurcit, la foudre gronde, éclate, et frappe cette fantastique fiancée qui reprend sa première forme, et tombe étendue sur la terre!

SCÈNE IX.

La foule s'éloigne avec horreur de ce lieu de sortilége, de magie! soudain, la véritable fiancée, la jeune et jolie Margharita se précipite dans les bras de son amant, de son époux! — Chacun s'arrête aussitôt, et rend grâce au ciel de cet évènement. — Moréno et Thérésina bénissent leurs heureux enfants; don Marcoval les félicite sur leur réunion vraiment miraculeuse. Don Alvéra qui n'a rien promis à cette Marguerite là, semble se dire qu'il tâchera de réparer l'échec qu'il a reçu, et le pauvre Polo, auquel le mariage de Margharita ne laisse plus aucun espoir, se résigne à prendre la bonne et joyeuse Juanita pour ménagère. — Pendant ce temps de légers papillons se sont emparés de la malheureuse fleur qui a cessé d'exister; ils la portent aux pieds de leur souveraine, s'élèvent et disparaissent enfin aux yeux de la foule émerveillée!

NEUVIÈME TABLEAU.

SCÈNE X ET DERNIÈRE.

Le séjour habituel de la reine des bocages se montre bientôt dans toute sa splendeur! rien de plus éclatant que ce palais diaphane, de plus gracieux que ces fontaines, ces jardins merveilleux portés sur des vapeurs légères. — Entourée d'une partie de sa cour, la Rose souveraine vient recevoir les restes inanimés de l'infortunée Marguerite ; des légions de nymphes désolées implorent la clémence de la reine qui se rend à leurs vœux, et rappelle l'imprudente à la vie en plaçant sur son front une couronne de plantes éternelles ! — La tendre fleur s'anime par degré, se relève, regarde avec extase, presse son sein avec amour, s'incline respectueusement devant la généreuse souveraine ; lui rend grâce, et remercie toutes ses sœurs dont la joie vive et pure exhale les parfums les plus délicieux, pendant que d'innombrables oiseaux, de mille formes et de mille couleurs, voltigent avec ivresse, et célèbrent par leurs chants harmonieux la naissance de la nouvelle immortelle !

www.ingramcontent.com/pod-product-compliance
Lightning Source LLC
Chambersburg PA
CBHW060707050426
42451CB00010B/1323